Sylvain Bourrières

Né à Lyon en 1971, je suis illustrateur depuis une quinzaine d'années. J'ai étudié le dessin à l'école d'arts décoratifs de la ville de Strasbourg, où j'habite actuellement. Ce que j'aime par-dessus tout ? Ma chérie et mes enfants, dessiner dans les bistrots, dans les trains, jouer de la musique et, bien sûr, lire, lire et encore lire mes auteurs préférés !

Collection **HISTOIRE EN TÊTE**

Serge **Boëche**

Lettres aux présidents de la République française

Illustrations de couverture de
Sylvain **Bourrières**

Collection dirigée par
Serge **Boëche**

SEDRAP Jeunesse

Serge Boëche

Quand il était petit, sa grand-mère lui disait :

« Dis à la dame ce que tu veux faire quand tu seras grand… »

Alors, il répondait tout fier : « Instituteur et écrivain ! »

Et voilà, c'est fait : Serge Boëche a été instituteur pendant sept ans, conseiller pédagogique pendant douze ans et auteur de quelques livres jeunesse qu'il a signés sous son nom ou sous les pseudonymes de Armand Galy ou Pascal Quinou.

Pendant dix ans, de 1985 à 1995, il a été le conseiller pédagogique des Éditions Milan.

En 1985, il a fondé (avec un ami) les Éditions Sedrap qu'il a dirigées jusqu'en 2008.

Lettres ① et ②

Charles de Gaulle

Lettre 1

Julien Bodèche (11 ans)
2, rue Lamartine
Lille, Nord (59)

Lille, le 15 janvier 1959

à M. Charles de Gaulle
président de la République française

Monsieur le président,

Je ne sais pas si vous aurez le temps de lire cette lettre, car je sais que vous êtes très occupé.

Vous avez choisi d'être le président de tous les Français, même de ceux qui n'ont pas voté pour vous… ce n'est pas facile !

Je sais aussi que vous avez de nombreux problèmes à résoudre. Je le sais car j'écoute les informations à la radio, au moment du repas du soir avec ma famille… d'ailleurs, mon père nous interdit de parler à table.

Il m'arrive aussi de lire le journal de mon papa le dimanche matin.

Je lis d'abord les aventures de *Pif le chien*[1] puis je lis les gros titres de tout le journal. Son journal préféré, c'est *L'Humanité*, c'est le journal des communistes. Mon papa est communiste.

Quant à ma maman, elle dit qu'elle n'est pour aucun parti politique mais en tout cas, pas pour le parti communiste !

Papa dit qu'elle est de *droite*[2].

---

1 • Bande dessinée.

2 • À l'Assemblée nationale, les députés communistes et socialistes sont assis du côté gauche (ils sont de gauche !) et les autres au centre et à droite.

Je ne comprends pas grand-chose à la politique et je confonds parfois ma droite et ma gauche !

Mais quand je les vois se chamailler quand ils parlent des problèmes de la France, je me dis que la politique doit être quelque chose de bien compliqué et de très sérieux. Heureusement, ils s'aiment beaucoup.

En fait, je vous écris pour vous parler de mon grand frère Élie.

Élie est mon frère ainé. Il est parti depuis deux mois en Algérie à cause des Évènements, comme dit Maman. On lui écrit souvent et il nous écrit aussi pour nous raconter ce qu'il fait.

Il est dans un village pas très loin de *Tizi Ouzou*[1] avec un petit groupe de soldats français. Il est sergent-chef et je crois que c'est lui qui commande.

Il s'est fait beaucoup d'amis parmi les gens du village. Ce sont des bergers maghrébins qui vivent de l'élevage des moutons. Il dit que « ça va bien » mais je sais qu'il a peur, bien qu'il ne le dise pas.

En effet, parmi les Algériens d'origine maghrébine, il y en a qui aident les soldats français et d'autres qui leur tendent des embuscades.

La plupart des gens du village aimeraient bien rester neutres, mais d'après ce qu'il nous raconte, ce n'est pas facile... Il y a aussi des Français de religion chrétienne ou juive qui sont nés là-bas et qui veulent à tout prix que l'Algérie reste française et ne devienne surtout pas un pays indépendant.

---

1 • Nord de l'Algérie, où on élève des moutons.

Tout cela, je l'ai compris en écoutant les disputes de mes parents, en lisant les titres des journaux, en écoutant les informations à la radio et aussi en lisant les lettres de mon grand frère.

Je vous conseille, monsieur le président, de trouver une solution le plus vite possible à ce conflit afin d'éviter qu'il y ait d'autres victimes, et surtout pour que mon frère Élie retourne en paix à la maison.

Si c'est trop compliqué et que vous n'arrivez pas à prendre une décision, alors demandez aux Français de choisir. Ils n'ont qu'à aller voter : soit l'Algérie reste française soit elle devient un pays indépendant et ami de la France.

Ma maman dit que d'autres territoires ou départements éloignés de la France vont aussi poser le même genre de problèmes. Mon papa lui répond que certains d'entre eux ont déjà obtenu leur indépendance et que c'est bien normal.

Il dit qu'il vaudrait mieux les laisser vivre à leur manière, les aider s'ils nous le demandent et rester de bons amis.

Ma mère n'est pas d'accord, car elle dit que ces territoires-là possèdent des richesses comme le pétrole et que ce sont les communistes de l'*Union soviétique*[1] qui veulent s'en emparer.

Je ne sais pas ce qu'elle veut dire, mais elle met en colère mon papa quand elle dit ça.

Pour la faire râler davantage, il se met à chanter *L'Internationale*[2], alors elle se plante devant lui et, avec un sourire coquin, elle chante encore plus fort *La Marseillaise*[3].

---

1 • *Union des pays communistes en Europe.*

2 • *Chanson révolutionnaire communiste.*

3 • *Hymne de la France.*

Et ça finit toujours pas un fou rire collectif et des embrassades. Ils se serrent gentiment dans les bras et disent d'une seule voix :

« C'est beau, la démocratie ! »

Ah ! Il faut que je vous parle aussi d'autre chose d'important et qui est aussi un sujet de chamaillerie entre mes parents.

C'est à propos de la nouvelle République, la Cinquième République, que vous avez proposée aux Français et qu'ils ont approuvée par leur vote l'an dernier.

Maman est contente, elle dit que c'est très bien, car tout le monde en avait assez de tous ces changements de gouvernements pendant la Quatrième République. Maintenant, au moins, c'est plus clair.

Papa n'est pas du tout d'accord. Il dit que c'est vous qui avez voulu donner plus de pouvoir au président de la République pour pouvoir commander tout seul.

C'est vrai que vous êtes général, et un général aime bien commander les autres !

Papa ajoute qu'il faut savoir « lire entre les lignes de la Constitution ». Je ne sais pas ce que c'est, la Constitution. Je ne suis pas trop fort en lecture, alors imaginez un peu s'il fallait en plus que je lise entre les lignes !

Il est parfois bizarre, mon papa.

Le papa de mon papa, c'est mon papi Marcel. Si vous passez du côté de Lille, venez nous voir, on vous fera visiter les grandes plages du Nord et on rendra visite à mon papi.

Papi Marcel a fait la première guerre mondiale. Il a perdu ses deux frères lors de cette guerre et il a été blessé à plusieurs reprises par les Allemands. Pourtant, il approuve le traité de Rome que vous avez signé. Il dit que la construction de l'Europe va développer l'amitié entre les peuples et empêchera qu'il y ait de nouvelles guerres. Ce traité permettra à chacun de vivre en paix dans son pays, sa région, sa ville ou son village.

Moi, j'habite en plein centre de Lille. C'est un quartier plutôt pauvre avec de vieilles maisons vétustes et mal entretenues. On n'a pas de salle de bain et les voisins non plus. Quand il fait froid, c'est pas facile pour se laver.

Ce serait peut-être le moment, monsieur le président, de construire au plus vite de grands immeubles autour de la ville, là où la campagne commence. On aurait du grand air et surtout du confort.

Bien sûr, il faudrait alors construire des grands magasins pour faciliter les achats à tous les habitants. Les clients devraient pouvoir se servir tout seul, car l'épicière ne s'en sortirait pas avec autant de monde. Dans ce cas, il faudrait bien nous faire confiance. De toute manière, les pauvres qui restent pauvres ne sont pas des voleurs !

Mercredi dernier, après le repas du soir, mon père m'a amené à une réunion de cellule du parti communiste. Le lendemain, il n'y avait pas école puisque c'était jeudi. Il a voulu que j'y assiste car il y avait le responsable régional des *vaillants*[1]. Les vaillants sont au parti communiste ce que sont les *scouts*[2] à la religion catholique, m'a expliqué Papa. Ils s'occupent des jeunes quand il n'y a pas école pour vivre des activités au contact de la nature. Mon cousin est scout et il adore ça.

---

1 • *Groupe de jeunes communistes ensemble pour le loisir essentiellement.*

2 • *Groupe de jeunes catholiques ensemble pour le loisir essentiellement.*

J'ai passé une bonne soirée. On a mangé des crêpes et des gauffres fourrées. Les adultes ont bu un peu de vodka qu'un ami de mon père avait ramené de Moscou et on a écouté des chansons de *Jean Ferrat*[1].

J'ai écouté aussi les discours des adultes, et ils critiquaient la Constitution de la Cinquième République qui donnait trop de pouvoir au président.

On est rentré à la maison vers minuit.

Le lendemain, j'ai raconté ma soirée à Maman. Elle m'a dit que je n'irais pas chez les vaillants et elle m'a expliqué que la Constitution prévoyait que les élus du peuple – les députés et les sénateurs – auront la charge de voter les lois.

De toute manière, le jeudi, j'aime bien aller rendre visite à ma mamie et à mon papi. Quant à la politique, je n'y comprends pas grand-chose.

En tout cas, faites en sorte que ma maman et mon papa ne se disputent pas trop et que moi je puisse continuer à grandir avec l'orgueil d'être Français et l'envie, comme la plupart des enfants de mon âge, de devenir un jour président de la République française !

Je vous prie de croire, monsieur le président, en toute mon admiration. J'ai confiance en vous, car je suis certain que vous avez envie de bien faire dans l'intérêt de tous : de ma maman et de mon papa comme de moi-même.

Julien Bodèche

---

1 • Chanteur-compositeur sympathisant communiste.

Lettre 2

Jacqueline Dulac (11 ans)
5, rue des Rosiers
Clisson, Loire-Atlantique (44)

Clisson (près de Nantes),
le 6 mars 1968

à M. Charles de Gaulle
président de la République française

Monsieur le président,

Quand j'ai dit à ma mère que j'allais vous écrire, elle m'a traitée de folle et de mal élevée. Elle m'a dit que je n'avais pas le droit. Quand je lui ai demandé pourquoi, elle n'a pas su me répondre.

Alors voilà : je m'appelle Jacqueline et j'habite dans une ferme près de Clisson, à quelques kilomètres de Nantes.

Dans ma ferme, il y a beaucoup d'animaux : des poules, des dindons, des canards et surtout des vaches ! Plus de cinquante vaches !

Cinquante-quatre exactement. Vous aurez vite compris que nous avons de grands pâturages pour qu'elles viennent brouter à l'aise et pour faire du fourrage pour l'hiver.

Nous avons aussi un grand champ de maïs. C'est Papa et Tonton qui s'occupent de tout ça. Quant à Maman, elle en a bien assez avec la basse-cour et ses quatre enfants. J'ai trois petits frères gentils mais espiègles.

Papa dit que plus ça va et moins ça va. Je crois qu'il veut dire que plus il travaille et moins il gagne d'argent. Pourtant on a tout le confort, et même un poste de télévision avec un grand écran ! On regarde beaucoup la télé, on adore ça !

Chaque fois qu'il passe une réclame à la télé, Maman dit :

« Il faudra en acheter ! »

Cette phrase met en colère mon papa et il lui reproche de penser sans cesse à dépenser de l'argent.

« C'est ça, la société de consommation, dit mon oncle d'un air résigné.

– C'est que c'est pas facile, avec une famille nombreuse. Quatre enfants, ça coute ! » dit Papa en soupirant.

Et mon oncle d'ajouter :

« D'autant plus qu'en général, les gens de la ville ont un enfant ou deux et pas plus. »

Mon oncle Jean-Pierre a une fiancée et il dit qu'un jour il finira par partir aussi à la ville travailler et ça inquiète beaucoup mon papa.

Papa dit souvent que si ça continue comme ça, tous les agriculteurs finiront par partir à la ville comme l'ont déjà fait nos voisins, et lui, il devra labourer la France entière pour s'en sortir.

Ma tante Paulette est déjà partie travailler à la ville avec son mari depuis plus de cinq ans. Ils ont laissé les terres en *fermage*[1] à mon père.

Ils travaillent tous les deux dans l'industrie. Elle fabrique des tire-bouchons et des ouvre-boites et lui, il fabrique des carburateurs pour des voitures de luxe. Ils disent qu'ils gagnent bien leur vie et qu'en plus ils sont tranquilles quand ils rentrent le soir chez eux. Ils habitent un bel appartement confortable, au quatorzième étage d'un immeuble situé juste à côté d'un grand supermarché.

Ils partent même en vacances avec leur caravane en Espagne… Nous, on reste à la ferme car c'est le moment de préparer le fourrage. De plus, on ne pourrait pas amener les vaches avec nous en Espagne ni ailleurs !

Tante Paulette dit qu'aujourd'hui, près de la moitié des travailleurs en France sont dans l'industrie.

« Si ça continue comme ça, on fabriquera trop de fourchettes et d'assiettes mais on n'aura rien à mettre dedans pour se nourrir », dit Papi en haussant les épaules. Et il ajoute :

« Un jour viendra que c'est en Chine qu'on fabriquera tout ça et nous, en France, on fabriquera des chômeurs. »

Monsieur le président, vous devriez peut-être prendre en compte ce que dit mon grand-père. Il est vieux mais il ne se trompe jamais. D'ailleurs, quand mon père veut aller couper

---

1 • Le fermage permet à un propriétaire de confier ses terres à un fermier pour qu'il les cultive.

l'herbe pour faire du fourrage, il ne regarde pas la météo à la télé, non, il demande à Papi s'il va pleuvoir ou pas.

Il faut maintenant que je vous parle aussi de Robert. C'est mon grand cousin. Il est étudiant à l'université de Nantes pour préparer un diplôme d'ingénieur. Il veut travailler pour l'aviation. L'autre jour, il est venu passer le dimanche à la ferme et il m'a offert un disque des Beatles.

Il m'a raconté ce qu'il faisait en dehors des cours. Il va danser dans des discothèques le vendredi soir, et le dimanche après-midi, il joue au football.

Pendant la semaine, quand il a un peu de temps, il se retrouve avec quelques amis au bistrot pour prendre un café et pour parler de philosophie ou de politique. Je ne sais pas ce que c'est la philosophie, mais je sais ce qu'est la politique. J'entends souvent ce mot quand on écoute les informations à la télé, au moment du repas du soir.

Papa dit à chaque fois :

« Les politiques, ils sont tous pareils : bonnet blanc et blanc bonnet ! »

Mais mon cousin Robert n'est pas d'accord, il dit autre chose :

« Les politiciens ne sont pas tous pareils, mais il faut tous les changer ! Il faut inventer une autre société. La société de consommation va nous mener à la catastrophe, ça suffit. Il faut se tourner vers la nature et faire que les gens soient moins égoïstes et s'aiment davantage. »

Moi, je ne sais pas très bien ce que tout ça veut dire mais je trouve que c'est beau, surtout quand c'est Robert qui le dit. Et il ajoute :

« Le printemps sera chaud ! »

Je ne comprends pas ce que vient faire la météo là-dedans…

Monsieur le président, je crois que vous devriez écouter parler mon grand-père, mon papa et mon cousin Robert. Ce sont des gens simples et ils ne s'expriment pas aussi bien que vous et vos ministres quand on vous entend parler à la télé, mais ils parlent avec leur cœur. Et je sais qu'ils ont bon cœur.

Je sais que vous aimez la France et les Français, c'est pour ça que vous avez été élu, alors faites que tout le monde puisse continuer à travailler à la ville et à la campagne.

Pour ma part, j'essaierai de faire des progrès à l'école car j'aimerais devenir ingénieur agricole. J'irai étudier à la ville puis je retournerai à la campagne. J'inventerai un système qui me permettra de voyager sans pour autant que mes vaches manquent de quoi que ce soit. J'irai en Espagne, mais aussi en Chine pour mieux comprendre ce que veut dire mon grand-père.

Je me marierai et j'aurai beaucoup d'enfants. J'aurai un poste de télévision avec un écran en couleur mais parfois je l'éteindrai le soir pour lire des contes à mes enfants.

Le dimanche, quand il fera beau, on ira piqueniquer au bord de l'eau et on pêchera comme le font mon papa et mon papi, mais je remettrai les poissons à l'eau !

Et si vous n'êtes plus le président de la République, vous pourrez venir nous voir et manger avec nous un bon poulet fermier avec une bonne salade de tomates qu'on cueillera dans le potager de ma mère.

Je vous souhaite une bonne santé et beaucoup de bonheur à vous et à votre famille.

Jacqueline Dulac

Lettre ③

Georges Pompidou

Lettre 3

Pascal Pérez (10 ans)
5, place de l'Église
Mouthe, Doubs (25)

le 4 janvier 1971

à M. Georges Pompidou
président de la République française

Monsieur le président,

Mais quel froid ! Hier, il a fait – 35 °C, il parait que c'est le record de France ! Mes parents ont monté à fond tous les appareils de chauffage dans la maison. On a même rajouté un radiateur électrique. Mon père disait de temps en temps :

« Pourvu que le compteur électrique ne disjoncte pas ! » Et il m'a expliqué ce que cela signifiait.

Maman répondait à chaque fois :

« Le tout électrique, c'est pas bon, je te l'avais dit, quand on a fait construire la maison… il valait mieux mettre tout au gaz de ville. Et s'il y a un jour la crise du pétrole, ça va nous couter encore plus cher ! »

Au début, je ne comprenais rien à ce qu'ils disaient : qu'est-ce que le pétrole a à voir avec l'électricité ?

Papa m'a expliqué que pour produire de l'électricité, on utilise en France plusieurs sources d'énergie. On utilise des centrales atomiques, des retenues d'eau et du pétrole qu'on fait bruler.

C'est pour vous parler de tout cela que j'ai décidé de vous écrire, monsieur le président.

Les centrales atomiques, je sais bien que ce ne sont pas des bombes atomiques, mais ça fait quand même peur. Quant au pétrole, si un jour il n'en reste plus ou si ceux qui nous le vendent se fâchent avec la France, on risque de ne plus en avoir. On manquerait alors d'électricité pour s'éclairer et pour se chauffer.

J'ai entendu dire à la télévision que vous rencontrez souvent les présidents des autres pays européens, alors soyez gentil, demandez-leur de laisser tomber les centrales atomiques et le pétrole.

Dites-leur qu'il vaudrait mieux utiliser l'eau et peut-être le vent… et pourquoi pas autre chose de naturel encore.

Nous sommes nombreux en France à nous chauffer avec des radiateurs électriques. Presque tous mes voisins du lotissement ont choisi ce moyen de chauffage. C'est pour cela que je me suis permis de vous écrire.

Et vous, dans votre appartement de l'Élysée, à Paris, comment êtes-vous chauffé ?

Bon, j'espère que ma lettre vous aidera à prendre les décisions qui conviennent pour l'avenir des Français qui habitent dans des régions où il fait très froid l'hiver.

Je vous prie de croire, monsieur le président, en mes « chaleureuses » salutations.

Pascal Pérez

P.-S. : Ma grande sœur m'a aidé à corriger les fautes d'orthographe.

Lettre 4

Valéry Giscard d'Estaing

Lettre 4

Sandrine Bouloc (12 ans) *le 25 janvier 1975*
8, rue Arthur Rimbaud
Bordeaux, Gironde (33)

à M. Valéry Giscard d'Estaing
président de la République française

Cher président de la République,

Dimanche dernier, je suis allée à la messe avec ma grand-mère. Elle est catholique pratiquante et elle ne manque jamais une messe le dimanche matin, même quand elle a un peu de fièvre…

Il n'y avait pas beaucoup de monde et la cathédrale était à moitié vide. Il faisait froid malgré les petits chauffages électriques qui pendaient du plafond. De plus, il y avait un grand carreau cassé.

Je sais bien que la République française est laïque, c'est-à-dire qu'elle ne favorise pas une religion plutôt qu'une autre, mais tout de même ! Je crois que ce serait bien que vous puissiez intervenir pour maintenir les églises et les cathédrales en bon état.

Comme me l'a expliqué ma grand-mère, cela fait partie du *patrimoine*[1] de la France.

En fait, ce n'est pas pour ça que je me suis décidée à vous écrire.

Je voudrais vous parler de certains commentaires qu'a faits le curé pendant le sermon et des conversations que j'ai entendues à la sortie de la messe.

---

1 • *Ce qui constitue la richesse de la communauté française.*

Ils ont critiqué la loi sur l'IVG. Ma grand-mère m'a expliqué qu'il s'agissait de permettre aux femmes qui le demandent, sous certaines conditions, d'interrompre leur grossesse, autrement dit, de renoncer à l'enfant qui pourrait naitre.

Ils ne trouvaient pas ça bien. Ils disaient que c'était scandaleux et que la population française allait baisser au fil des ans.

Chez moi, j'en ai parlé à ma mère et elle m'a dit que l'IVG était réservée seulement à des cas particuliers.

Je crois, monsieur le président, qu'il faudrait expliquer tout ça plus en détail à la population, et surtout à nous, les enfants, car on imagine n'importe quoi et après on raconte n'importe quoi.

Les gens ont parlé aussi de la crise économique. Beaucoup d'entre eux avaient peur de perdre leur emploi et certains même étaient déjà au chômage.

J'ai pensé que c'était peut-être aussi pour ça que vous aviez prévu l'IVG. Ma grand-mère a souri et m'a dit que ça n'avait vraiment rien à voir.

Bon, j'arrête là ma lettre car je sais que vous voyagez beaucoup et que vous avez aussi beaucoup de réunions.

Veuillez agréer, monsieur le président, mes respectueuses salutations.

Sandrine Bouloc

PS : J'ai entendu dire que l'avion Concorde allait effectuer bientôt son premier vol avec des passagers… j'adorerais voir la France d'en haut et aller plus vite que le son !

Lettre 5

François Mitterrand

Lettre 5

Nathalie Tarman (10 ans)
8, rue du Bœuf
Lyon, Rhône (69)

le 22 juin 1982

à M. François Mitterrand
président de la République française

Monsieur le président de la République française,

Je suis bien contente que vous ayez été élu l'année dernière président de la République, car hier au soir, mes parents m'ont amenée à la fête de la Musique à Lyon.

C'était formidable, il y avait des orchestres dans chaque coin de rue. Et tout était gratuit. Nous sommes restés en ville jusqu'à minuit et pourtant il y avait encore beaucoup de monde !

Ma mère m'a dit que chaque année, le soir du 21 juin, ça sera la même chose et qu'on reviendra.

Merci, monsieur le président c'est vraiment une bonne idée !

En vérité, mon père n'a pas voté pour vous au moment des élections présidentielles parce qu'il ne voulait pas qu'il y ait des communistes au gouvernement. Il ne les aime pas. Je ne sais pas pourquoi, parce que le père de ma meilleure copine est communiste et c'est un super papa, d'après elle…

Par contre ma maman vous adore. Elle connait votre programme de président presque par cœur et elle m'en parle souvent.

Je n'y comprends pas grand-chose et pour parler franchement, ça ne m'intéresse pas trop, mais elle en parle tellement bien que je finis par m'y intéresser.

Elle est contente que vous ayez donné une semaine de congé supplémentaire à tous ceux qui travaillent et dit que vous allez aussi permettre aux travailleurs de prendre la retraite à 60 ans.

En plus, pour aller voir ma grand-mère à Paris, on n'aura plus besoin de prendre la voiture car il y a maintenant un train qui roule à grande vitesse.

Tout ça me plait bien, car ma grand-mère a 59 ans, elle travaille, et je n'aime pas aller à Paris en voiture !

Elle dit aussi que dans notre quartier, il y a une radio libre spécialement réservée pour nous les jeunes. Avec mon grand frère, on a commencé à réfléchir pour proposer une émission sur les chanteurs à la mode. J'aimerais bien parler devant un micro en pensant que tous les gens du quartier, de l'école et même du collège m'écoutent.

Ah, par contre elle m'a dit aussi que vous avez supprimé la peine de mort. Mes parents, mon frère et moi, on n'est pas du tout d'accord. Je ne crois pas que ce soit une bonne idée, car il y a des criminels vraiment méchants et cruels qui méritent qu'on leur coupe la tête pour les punir et pour qu'ils ne puissent plus recommencer !

Ma grand-mère, elle, trouve que vous avez parfaitement raison, car il y a parfois des erreurs judiciaires et elle dit qu'une « tête coupée, ça ne repousse pas » ! Elle dit aussi que le remord et l'ennuie d'un prisonnier dans sa cellule sont certainement une punition encore plus grande que la peine de mort !

Quand elle dit ça, on se regarde avec mes parents et mon frère sans rien dire et on pense qu'elle a certainement raison.

J'espère que votre secrétaire vous aura donné ma lettre car je me suis appliquée pour l'écrire. Ma mère m'a même aidée à corriger les fautes d'orthographe : et il y en avait pas mal !

Je vous souhaite un bon septennat et j'espère que vous « redoublerez » pour que vous restiez encore plus longtemps le président de la République française.

Avec toute mon amitié,

Nathalie Tarman

Lettre 6

Jacques Chirac

Lettre 6

Anne Venice (11 ans)
Mururoa (Polynésie française)
Océan Pacifique

le 25 septembre 1997

à M. Jacques Chirac
président de la République française

Monsieur le président de la République,

Chez moi, quand on a entendu aux informations du journal télévisé que la France, le Royaume Uni, la Russie, les États-Unis et la Chine avaient accepté de signer un accord sur la fin des essais nucléaires, on s'est arrêté de manger et on a applaudi !

C'est vrai que cela fait plus de dix ans que mes parents militent pour l'arrêt des explosions des bombes nucléaires dans notre bel océan.

Ils m'ont tout expliqué… ou presque. Ils m'ont raconté ce qu'il s'est passé au Japon avec les explosions des bombes atomiques qui ont mis fin à la guerre mondiale. Je connais aussi les effets immédiats provoqués par l'explosion d'une bombe atomique : le souffle, la chaleur… et surtout les retombées de poussières radioactives. Ces poussières soulevées par l'explosion qui montent vers le ciel, pareilles à un gros champignon, et qui retombent sur les gens et leur donnent des maladies graves comme le cancer.

Et l'effet de ces poussières continue pendant des années et des années…

Il ne faut plus fabriquer des bombes atomiques et il faudrait détruire celles qui existent.

Je sais aussi que sur le territoire français, là-bas, chez vous, en Europe, il y a beaucoup de centrales atomiques pour fabriquer de l'électricité. J'ai bien compris que ces centrales atomiques étaient utiles et nous rendaient bien service. Mais mes parents m'ont dit qu'elles représentaient un gros risque en cas d'accident, comme cela est arrivé déjà en Ukraine à Tchernobyl.

Cette année 1997 est une bonne année pour moi et surtout pour mon grand frère, qui a 17 ans.

Juste avant l'été, vous avez annoncé que le service militaire obligatoire serait supprimé. Paul, mon grand frère, craignait d'être obligé de partir en France et ne plus voir pendant un an notre famille, ses copains et les belles plages de la Polynésie. Il adore pratiquer la plongée sous-marine pour prendre en photos les poissons multicolores et les coraux.

D'un autre côté, il est un peu déçu car il aurait peut-être pu connaitre Paris et la tour Eiffel, le château de Versailles et tout le reste… mais ce n'est pas grave, car mes parents font des économies pour aller un jour en Europe visiter notre beau pays, la France. On ira voir la famille de ma mère.

Quant à moi, j'irai à l'Élysée vous dire bonjour et vous remercier.

Ma mère m'a dit que nous ne viendrons pas avant l'été 2002 car il lui faut économiser plus de 25 000 francs pour l'avion et le séjour.

Je me demande combien ça fera en euros !

J'espère que le facteur vous aura trouvé pour vous remettre ma lettre et qu'elle vous aura fait plaisir.

Si vous venez un jour en Polynésie en vacances ou pour faire un discours, venez donc nous rendre visite à la maison. Vous serez très bien reçu par ma famille et vous gouterez les langoustes pêchées par mon frère et cuisinées par ma mère : un vrai régal !

Avec encore tous mes remerciements pour vos bonnes décisions.

Je vous adresse les salutations de toute ma famille et notre grande admiration.

Anne Venice

P.-S. : Si vous venez en Polynésie, choisissez l'hiver en France, car ici ce sera l'été.

Lettre 7

Nicolas Sarkozy

Lettre 7

Ahmed Ben Abdala (12 ans)
13 chemin Louis Auriacombe
appartement 127
Toulouse-Le Mirail
Haute-Garonne (31)

Toulouse, le 20 mai 2010

à M. Nicolas Sarkozy
président de la République française

Monsieur le président de la République,

J'habite avec mes parents, mes deux grands frères et ma petite sœur dans le quartier du Mirail. C'est un quartier de la périphérie de Toulouse, un quartier « difficile » comme ils disent à la télé.

Mon père m'a dit que ce quartier est connu en France à cause des violences qui ont eu lieu entre une partie des habitants et la police il y a quelques années.

Moi, je vais à l'école Jean Gallia, à côté du collège de La Reynerie où sont scolarisés mes grands frères.

Quand je vais dans la cour de récréation, j'ai l'impression d'être un lion dans une arène romaine : tout autour de moi, quand je tourne la tête, il y a des grands immeubles.

Dans la cour, je ne sais pas comment cela a été possible, il y a deux arbres qui ont poussé en plein milieu du goudron. Les feuilles des arbres poussent au printemps, comme tous les autres arbres, mais les oiseaux ne viennent jamais y faire leur nid.

Ils doivent certainement avoir peur de nous.

Nos maitresses et nos maitres sont jeunes et gentils dans l'ensemble. Ils crient parfois mais ils ont presque toujours raison. On les aime bien.

La grande majorité d'entre nous, nous sommes d'origine maghrébine. Il y a aussi des enfants noirs d'origine africaine et quelques chinois. Ils ne sont pas vraiment chinois mais on les appelle comme ça.

Et puis il y a les autres, ceux qui ont des noms d'origine française, espagnole, italienne... bref, tout ça pour vous dire qu'ici, au Mirail, on dirait l'ONU, comme dit mon voisin qui s'y connait en politique.

Je vous écris pour vous dire que la grande majorité d'entre nous, les enfants et les parents, nous aimons la France et nous sommes fiers d'être français. Je sais bien que vous le savez déjà, mais ça serait utile que vous l'expliquiez comme il faut à la télé quand vous faites vos discours.

Nous aimons la paix et la tranquillité et nous n'aimons pas les voyous qui font trop les malins.

Aidez-nous dans les écoles pour qu'on ait davantage d'enseignants qui nous aideront à faire nos devoirs en classe et surtout pas à la maison.

Faites que les policiers soient plus gentils ou plus sévères avec ceux qui le méritent.

Donnez du travail à nos parents et à nos grands frères pour qu'ils gagnent de l'argent et qu'ils ne s'ennuient pas.

J'ai une idée : dites à vos ministres de venir vivre quelques mois avec nous pour mieux nous comprendre.

Je sais bien que vous faites des efforts pour que ça aille mieux dans nos quartiers, mais comme dit ma maitresse : « peut mieux faire » !

J'imagine que diriger et gouverner un pays aussi grand et important que la France doit être très difficile. C'est pour cela que j'ai voulu vous écrire, pour essayer de vous aider un peu.

Certains vous critiquent, d'autres vous aiment bien. Chacun a le droit de dire ce qu'il pense sans être puni comme dans certains pays qu'on voit à la télé. La France est un pays de liberté, d'égalité et de fraternité, comme nous l'a expliqué la maitresse en cours d'histoire.

C'est pour ça que je suis fier d'être français, même si je garde dans mon cœur une place pour le pays d'origine de mon grand-père : l'Algérie.

J'espère que vous aimerez ma lettre et que vous aurez le temps de me répondre un jour.

Si vous passez par Toulouse, venez au Mirail nous voir. Ma mère est une bonne cuisinière, elle vous fera un bon cassoulet ou un bon couscous. C'est vous qui choisirez.

Je vous transmets les salutations respectueuses et amicales de mes parents, de mes grands frères, de ma petite sœur et de mon grand-père.

Ahmed Ben Abdala

Lettre 8

François Hollande

Lettre 8

Morgan Herrera (11 ans)
16, rue Voltaire
Paris, Seine (75)

le 21 juin 2012

à M. François Hollande
président de la République française

Monsieur le président de la République française,

Ce soir, je vais aller avec ma mère et ma petite sœur à la fête de la musique. C'est la 31ᵉ fête de la musique. Je le sais parce que c'est justement l'âge de ma maman.

Et vous, monsieur le président, quelle idée géniale aurez-vous pour que la vie des Français soit encore meilleure ?

Aux informations à la télévision, on parle de crise économique, de chômage record, de délinquance, de violences dans le monde, de gens qui ont faim… les problèmes sont nombreux et je crois que ça serait bien qu'on vous aide !

Peut-être que vous pourrez trouver une solution avec les autres pays de l'Europe. Pour la journée de l'Europe, le 9 mai, on a appris plein de choses dans notre école ! C'est génial de penser qu'on peut construire quelque chose avec des enfants qui ne parlent pas la même langue que nous ! Avec mes copains, on aime bien dire qu'on est Français et Européens !

En tout cas, vous pouvez compter sur mes copains et moi, car nous, les enfants, on a encore plein de contes dans la tête. On aime penser que ce qui est magique, merveilleux, peut devenir un jour possible.

Est-il impossible de demander à tous les chefs d'États, qu'ils soient présidents ou rois dans leur pays, de se rencontrer plusieurs fois par an pour faire un grand tournoi sportif ? Ils apprendraient à mieux se connaitre, à lutter ensemble, à partager les joies de la victoire, mais aussi à accepter leurs échecs et à respecter leurs adversaires.

C'est en tout cas ce que nous enseigne notre entraineur de football avant chaque match.

Est-il impossible de demander aux directeurs de banques de distribuer de l'argent aux pauvres quand ils font beaucoup de bénéfice ? Après tout, on les aide bien quand ils perdent de l'argent. C'est mon père qui me l'a dit.

Est-il impossible d'imaginer une école nouvelle où tous les enfants et les adolescents aimeraient aller régulièrement, le cœur content, tellement ils se sentiraient bien ?

Il suffirait peut-être de demander l'avis de ceux qui n'aiment pas aller à l'école ou au collège. Moi, j'aime bien mais ma grande sœur, par contre, pas du tout !

Et qui sait, ce qui est impossible aujourd'hui sera peut-être possible demain, quand nous serons adultes !

Je vous souhaite bon courage et bonne chance pour votre quinquennat !

Morgan Herrera

À propos de...

Lettre ① à Charles de Gaulle

• *Évènements* (page 8)

C'est ainsi qu'on appelait la guerre d'Algérie. À l'époque, l'Algérie était rattachée à la France (les provinces algériennes étaient des départements ou territoires français). On considérait cette confrontation militaire comme une « révolte » et pas une guerre, qui oppose habituellement une nation contre une autre.

Ces « Évènements » ont commencé le 1er novembre 1954 et se sont terminés en juillet 1962. Ils ont opposé l'armée française et le Front de libération de l'Algérie (FLN) composé de volontaires algériens d'origine arabe.

• *demandez aux Français* (page 9)

Charles de Gaulle a organisé un référendum le 1er juillet 1962 pour que le peuple français décide par le vote si l'Algérie devait rester française ou si elle devait devenir un État indépendant. Le vote a été favorable à l'indépendance par 91,23 % de « oui » !

• *d'autres territoires* (page 9)

La France possédait des territoires en Asie et surtout en Afrique (Algérie, Maroc, Tunisie, Sénégal…). Ces territoires ont souhaité devenir des États indépendants. Les gouvernements français, entre 1945 et 1962, ont accordé l'indépendance à la plupart d'entre eux, considérant que c'était juste et qu'il valait mieux établir des accords économiques et culturels avec ces nouveaux États que d'assumer des guerres.

Ces territoires étaient appelés des « colonies ». C'est pour cela qu'on parle de « décolonisation ».

• *la Constitution* (page 10)

Une Constitution est un texte qui définit une République. La Cinquième République, préparée par Charles de Gaulle, a été définie par une nouvelle Constitution. Cette nouvelle Constitution a été acceptée par le vote du peuple français (référendum) à une grande majorité : 81 %, le 28 septembre 1958.

La Constitution de la Cinquième République donne davantage de pouvoirs au président de la République qui est élu pour sept ans, directement par le peuple, et qui nomme le Premier ministre. Il est aussi le chef des armées. Il peut rédiger des décrets pour imposer des lois qui lui semblent indispensables pour le peuple.

• *traité de Rome* (page 10)

C'est un texte qui implique 6 États : la France, l'Allemagne, l'Italie, la Belgique, le Luxembourg et les Pays-Bas, pour des échanges commerciaux (communauté économique).

Après ce traité de Rome signé en 1957, il y a eu d'autres traités, dont les principaux sont :
– le traité de Maastricht en 1992 ;
– le traité de Lisbonne en 2007.

Aujourd'hui, de plus en plus d'États européens font partie de l'Union européenne.

En 2012, on comptait déjà 27 États, ce qui représente plus de 500 millions d'habitants, soit bien plus que les États-Unis d'Amérique ou la Russie.

Robert Schuman, ancien déporté et résistant pendant la seconde guerre mondiale devenu ensuite ministre des Affaires étrangères, a été le « précurseur » de la construction européenne.

Après Charles de Gaulle, tous les présidents de la République française ont travaillé à la construction européenne.

• ***grands immeubles*** (page 11)

C'est dans les années 1960 (de 1960 à 1970) qu'il se construit de grands immeubles autour des villes importantes. Ce sont des logements sociaux (HLM) destinés à faire face à une forte augmentation de la population.

Il y a eu une forte natalité après la fin de la seconde guerre mondiale et aussi une immigration importante, en provenance surtout des pays décolonisés (Algérie, Maroc, Tunisie, Sénégal...). La France avait besoin de beaucoup de main-d'œuvre pour travailler dans la construction et les mines à charbon. Les immigrés pouvaient ainsi venir travailler en France afin d'aider leur famille restée vivre dans leur pays d'origine.

Immeubles à Vitry-sur-Seine, au sud de Paris

• ***grands magasins*** (page 11)

Les premiers hypermarchés (grandes surfaces commerciales) apparaissent en 1963 et accompagnent la construction de grands immeubles dans la banlieue des villes importantes.

Lettre ② à Charles de Gaulle

• *plus il travaille* (page 14)

Les progrès des machines agricoles et l'efficacité des désherbants et des engrais ont permis une production agricole de plus en plus abondante. Ceci a entrainé une baisse des prix de vente.

Les agriculteurs se sont vus obligés, pour produire davantage, d'acheter du matériel moderne. Ils ont emprunté aux banques pour finalement gagner moins d'argent.

C'est une des raisons principales du départ des agriculteurs vers les grandes villes.

• *société de consommation* (page 14)

La société de consommation consiste à pousser les gens à acheter toujours plus, même des choses dont ils n'ont pas forcément l'utilité. On se met alors à produire plus que nécessaire, on gaspille beaucoup et, par conséquent, on aggrave la pollution. La télévision et la radio ont servi à diffuser ce nouveau mode de vie : la publicité (les réclames) a pris de plus en plus d'importance pour donner aux gens l'envie permanente d'acheter de nouveaux produits. La publicité pour les marques apparait en octobre1968. Mais dès 1951, il existe une sorte de réclame, sous la forme de courtes émissions : les « émissions compensées » ou « émissions collectives ». Certaines abordent des thèmes importants pour la société, tels que la sécurité routière ou les soins médicaux, d'autres mettent en avant un type de produit (mais pas une marque en particulier), comme par exemple la chicorée, le bœuf, le thon…

Par ailleurs, les progrès de l'industrie en France et les importations entrainent la baisse des prix de l'électroménager. Les banques accordent des crédits : il devient plus facile aux gens d'acheter pour améliorer leur confort.

Entre 1970 et 1990, le niveau de vie des Français a progressé de 50 %.

• **un enfant ou deux** (page 14)

Après un taux de natalité (nombre d'enfants moyen par femme) élevé qui a suivi la fin de la seconde guerre mondiale, le taux de natalité a baissé sensiblement.

Cela pose le problème du renouvellement des générations et un problème économique grave pour assurer le paiement des retraites pour plus tard.

Les gouvernements qui suivront prendront des mesures d'aide financière aux ménages pour encourager les naissances.

En 2012, la France est le pays d'Europe qui a le meilleur taux de natalité.

• **partir aussi à la ville** (page 14)

75 % de la population vit dans les grandes villes.

Cela devient le rêve des jeunes agriculteurs, qui veulent bénéficier des avantages et du confort de la vie urbaine (cinémas, supermarchés, appartements confortables…).

Les petits propriétaires ne peuvent plus gagner leur vie car l'agriculture intensive oblige les agriculteurs à travailler de grands espaces avec un matériel de plus en plus moderne et couteux.

Les voisins s'éloignent de plus en plus et la télévision remplace les soirées au coin du feu où il faisait bon bavarder en partageant un bon petit repas.

En ville, la vie familiale se disperse, le père et la mère travaillent séparés et souvent loin de leur habitation. On passe beaucoup de temps dans les transports. Les couples se voient moins, se parlent moins et les divorces sont en augmentation.

De plus en plus de femmes veulent travailler pour gagner un salaire. Il y en avait déjà 44 % en 1968 et on en compte 80 % après 2012.

• ***industrie*** (page 15)

Elle occupe la plupart des emplois jusqu'en 1975 environ.

Il y aura une grave crise économique en 1973 et en 1975 à cause de la perte brutale de nombreux emplois industriels (produits fabriqués en Chine, au Maroc, en Tunisie…). La France compte 10 % de chômeurs.

Avant cela, la France faisait partie des cinq plus grandes nations industrielles.

• **chômeurs** (page 15)

La vie familiale à la campagne permettait à chaque membre de la famille de trouver un travail à la ferme. Ceci donnait une stabilité à l'emploi. Mais le départ des agriculteurs vers les villes pour travailler dans l'industrie a rendu les emplois dépendants de l'augmentation de la consommation.

Malheureusement de plus en plus de produits sont fabriqués dans des pays pauvres (comme la Chine) où les ouvriers sont peu payés. La France achète à l'étranger de nombreux produits dont elle a besoin.

Les fermetures d'usines et de fabriques se multiplient alors que la consommation augmente.

Le chômage est en hausse, ce qui entraine de la délinquance chez les jeunes (vols de voitures, trafic de drogue…) et des problèmes dans les couples : dépressions nerveuses, divorces…

• ***le printemps sera chaud*** (page 17)

Les jeunes (lycéens et étudiants) puis les ouvriers prennent conscience des problèmes que produit la société de consommation et expriment soudainement leur envie de changer leur manière de vivre. Cela se passe en mai 1968, à un moment où le chômage n'est pas très important et où les gens vivent de plus en plus confortablement.

Il y a des manifestations violentes à Paris et dans les grandes villes : les manifestants s'opposent à la police chaque jour. La grève générale « paralyse » le pays : plus de transports en commun, pas d'émissions de télévision (seulement les informations), peu d'essence, etc.

Cette situation grave est approuvée par beaucoup de Français, mais il y a aussi une majorité « silencieuse » (des gens qui ne veulent pas de grands changements dans leur vie). Cette majorité silencieuse soutient le général de Gaulle, qui parviendra à amener les syndicats à négocier : ce sont les accords de Grenelle.

C'est la fin du mouvement « révolutionnaire ».

Le président de la République, Charles de Gaulle, organisera des élections dont les résultats seront à son avantage.

Lettre ③ à Georges Pompidou

• *record de France* (page 21)

Ce record de froid établi à Mouthe, dans le département du Doubs, le 3 janvier 1971, a été ensuite battu dans cette même ville en 1985, avec – 41 °C. Pourtant le record de chaleur à Mouthe est de + 35 °C. Autrement dit une différence de 76 °C !

On peut dire que c'est un climat de type « continental », c'est-à-dire très froid l'hiver et très chaud l'été.

• *crise du pétrole* (page 21)

Elle a eu lieu en 1973. C'est la conséquence de la nationalisation du pétrole par de nombreux pays arabes qui ont obtenu leur indépendance et aussi de la baisse de la valeur du dollar américain, car le pétrole se paye en dollars.

Avec le pétrole, on fabrique l'essence, le gasoil, le fuel… ce qui a entrainé une augmentation du prix des transports et du chauffage.

Les prix en général ont beaucoup augmenté : c'est ce qu'on appelle l'inflation.

Une autre crise encore plus grave aura lieu en 1979.

• *centrales atomiques* (page 21)

Aujourd'hui, on parle plutôt de centrales nucléaires.
Depuis la présidence de Charles de Gaulle, la France a continué à construire des centrales nucléaires pour produire de l'électricité.

Presque 20 % de la production électrique provient des centrales nucléaires.

Aujourd'hui, en 2012, la France compte 58 centrales nucléaires et elle est le premier producteur au monde d'électricité par ce moyen-là.

Centrale nucléaire de Golfech, Tarn-et-Garonne

• ***naturel*** (page 22)

C'est à partir de 1970 que la France prend conscience qu'il est important, pour préparer un meilleur avenir, de remplacer les énergies fossiles (pétrole, gaz, charbon, uranium) par des énergies renouvelables (vent, eau, marées, chaleur, lumière).

Il y a cinq familles d'énergie renouvelable à développer :
– l'énergie solaire (photovoltaïque) transforme la lumière en électricité ;
– l'énergie thermique utilise la chaleur du soleil pour chauffer de l'eau ;
– l'énergie géothermique transforme la chaleur de la terre en électricité ;
– l'énergie éolienne transforme la force du vent en électricité ;
– l'énergie hydraulique transforme la force de l'eau en électricité.

Lettre ④ à Valéry Giscard d'Estaing

• *il n'y avait pas beaucoup de monde* (page 25)

La religion catholique, qui a marqué l'histoire de France à travers les siècles, voit une baisse très sensible de la pratique religieuse. Seulement 5 % des Français vont régulièrement à la messe.

Toutefois, 58 % des Français se disent chrétiens aux côtés de 4 % de musulmans, 1 % de juifs, 6 % se réclamant d'autres religions comme les bouddhistes. Par ailleurs, 31 % des Français déclarent n'avoir aucune religion.

Il y a en France 45 000 églises pour les catholiques, 2 400 lieux de culte pour les musulmans et 280 synagogues pour les juifs.

• *IVG* (page 26)

C'est l'interruption volontaire de grossesse. Elle a été adoptée par la loi le 17 janvier 1975.

On compte de nos jours 200 000 IVG par an. Le nombre est pratiquement constant depuis que la loi est sortie.

• *la population française allait baisser* (page 26)

De nos jours, grâce aux actions sociales initiées par le président Pompidou et poursuivies par Giscard d'Estaing et les autres présidents qui ont suivi, le taux de natalité (nombre moyen d'enfants par femme) de la France est le meilleur d'Europe.

Cependant, les naissances assurent à peine le renouvellement des générations.

· *crise économique* (page 26)

La France a connu une très bonne période entre 1945 et 1975, qu'on a appelée les « trente glorieuses ». Il y avait une forte croissance, c'est-à-dire une forte consommation de la population qui assurait une forte production industrielle. De plus, le pétrole n'était pas cher.

Ensuite, ce fut la montée brutale du prix du pétrole (choc pétrolier) en 1974 et en 1980, ce qui a entrainé la montée des prix, une baisse de la consommation de la population et une hausse du chômage.

· *avion Concorde* (page 26)

C'est le premier avion supersonique capable de transporter des voyageurs.

Son vol d'essai a eu lieu en 1969 (sous la présidence de Charles de Gaulle) et son premier vol commercial s'est tenu en 1976.

Malheureusement il a connu un terrible accident en 2005 à cause d'un objet qui trainait sur la piste d'envol. Le Concorde ne sera plus fabriqué car il a été estimé non-rentable financièrement (il consommait beaucoup trop de carburant…).

Lettre ⑤ à François Mitterrand

• *la fête de la Musique* (page 29)

Elle a été initiée par Maurice Fleuret en 1982. Ce projet a été encouragé avec passion par le ministre Jack Lang qui a convaincu le président François Mitterrand.

Dès 1985, ce sont plusieurs pays d'Europe qui ont imité la France. Puis ce furent de nombreux pays dans le monde, si bien qu'aujourd'hui ce sont plus de 110 pays qui fêtent le 21 juin l'arrivée de l'été par la fête de la Musique !

• *communiste* (page 29)

En 1848, un philosophe allemand, Karl Marx, imagine une autre manière de vivre en société. Plutôt qu'une société industrielle basée sur l'idée que les gens doivent consommer de plus en plus et donner de l'importance à la richesse par l'argent (de plus en plus de capitaux), il décrit (dans un livre resté célèbre) une société basée sur le partage équitable des richesses.

Il oppose le « capitalisme » au « socialisme » (le communisme étant une forme du socialisme).

C'est sur cette idée que se fera plus tard la Révolution russe qui donnera lieu à l'Union Soviétique. L'Europe sera coupée en deux jusqu'en 1989.

• *une semaine de congé supplémentaire* (page 30)

Jusqu'alors, les travailleurs avaient le droit et l'obligation de bénéficier de quatre semaines de repos tout en percevant leur paye. François Mitterrand leur a permis de prendre une semaine de plus, soit cinq semaines de congés payés.

• *retraite a 60 ans* (page 30)

Les travailleurs prenaient en général la retraite à 65 ans. Elle passe donc, avec François Mitterrand, à 60 ans.

La retraite, c'est quand une personne qui a travaillé tout au long de sa vie d'adulte peut arrêter définitivement de travailler et recevoir une somme d'argent qui lui permettra de vivre plus ou moins bien.

• *train qui roule a grande vitesse* (page 30)

C'est le TGV.

Il a été construit dès 1972, mais sa commercialisation s'est vraiment développée à partir des années 1980. La ligne Paris-Lyon est mise en place dès septembre 1981. Elle permet de faire le trajet en moins de trois heures ! De plus en plus de nouvelles lignes de train TGV sont construites aujourd'hui encore.

Le fameux TGV orange de la ligne Sud-Est, effectuant le trajet Paris-Dijon, en 1984

• ***radio libre*** (page 30)

Après la seconde guerre mondiale, en 1945, et jusqu'à François Mitterrand, les radios FM (modulation de fréquence = très bon son) étaient réservées à quelques radios nationales (France Inter, France Culture, etc.).

Ce nouveau président a décidé de permettre à tout le monde de créer sa propre radio. Les nouvelles radios furent alors très nombreuses à se créer et souvent disparaissaient par manque d'organisation.

Certaines radios étaient vraiment de très mauvaise qualité et diffusaient un peu « n'importe quoi ». Il a été alors décidé de mettre un nouvel organisme (le CSA = Conseil supérieur de l'audiovisuel) pour garantir un minimum de sérieux et d'organisation. Peut-être existait-il aussi des intérêts commerciaux, car la publicité à la radio peut rapporter de l'argent.

• ***peine de mort*** (page 30)

L'abolition (suppression de la peine de mort) a été voulue par le président François Mitterrand et défendue par son ministre de la justice, M. Badinter, alors même que la grande majorité des Français y étaient plutôt défavorable.

De nos jours, la plupart des pays démocratiques ont aussi aboli la peine de mort et les gens sont maintenant plutôt majoritairement d'accord avec cette suppression.

Lettre ⑥ à Jacques Chirac

• ***essais nucléaires*** (page 35)

La France a procédé à 210 essais nucléaires. Les premiers ont eu lieu en Algérie (de 1960 à 1962) puis en Polynésie française, dans l'océan Pacifique.

Papeete (Tahiti) était le quartier général pour organiser les tirs mais c'est à Mururoa (Polynésie) qu'avaient lieu les explosions nucléaires.

En 1974, l'île de Tahiti a reçu des retombées radioactives.

Le président François Mitterrand suspend les essais (tirs) nucléaires en 1992.

Le traité d'Interdiction signé en 1996 par Jacques Chirac met fin à ces essais nucléaires pour la plus grande satisfaction des Français habitants la Polynésie.

Essai nucléaire dans le Pacifique

• ***Japon*** (page 35)

Hiroshima et Nagasaki sont deux grandes villes du Japon qui ont reçu chacune d'elles une bombe atomique les 6 et 8 aout 1945.

Ces deux bombes atomiques ont provoqué plus de 100 000 morts.

Effrayés, les Japonais ont préféré arrêter les combats contre les États-Unis d'Amérique.

Ce fut la fin de la seconde guerre mondiale.

• ***Tchernobyl*** (page 36)

La centrale atomique de Tchernobyl, installée en Ukraine pour produire de l'électricité, a connu une explosion accidentelle le 26 avril 1986.

115 000 habitants ont dû être évacués de leur maison à cause des radiations. Malgré cela, il y a eu beaucoup d'habitants contaminés et plus de 4 000 d'entre eux sont morts d'un cancer.

Les aliments des jardins ont été contaminés et l'air est resté pollué et dangereux pour la santé.

Un nuage contaminé par la radioactivité a traversé l'Europe et même en partie la France.

• ***service militaire*** (page 36)

Le service militaire obligatoire avait été créé en 1905. Il a été suspendu par la loi de 1997.

Tous les jeunes gens français nés après le 31 décembre 1979 ne feront pas le service militaire obligatoire.

Le président Jacques Chirac a expliqué que de nos jours, les progrès technologiques exigeaient des militaires professionnels.

• ***Polynésie*** (page 36)

La Polynésie française est une collectivité d'outre-mer de la République française. Elle se compose de 118 iles réparties sur 5 archipels qui comptent 250 000 habitants. L'île la plus célèbre est Tahiti (tirs nucléaires).

Il existe aussi, partout dans le monde, des DROM COM (départements et régions d'outre-mer – collectivités d'outre-mer).

• **euros** (page 36)

Le 1er janvier 2002, le franc est remplacé par l'euro.

Douze pays abandonnent au même moment leur monnaie pour prendre une monnaie commune : l'euro. Soit plus de 300 millions d'habitants. En France, 25 000 francs font alors 4 000 euros, puisqu'1 euro est égal à environ 6,5 francs.

Lettre ⑦ à Nicolas Sarkozy

• ***quartier « difficile »*** (page 41)

Ce sont des quartiers situés dans les banlieues des grandes villes. On les appelle aussi « quartiers sensibles » et parfois même « ghettos ».

Ils sont constitués de grands immeubles souvent mal entretenus ou dégradés par les délinquants (voyous). On y trouve très peu de magasins, restaurants, cinémas…

Ce sont des logements appartenant à la mairie de la ville qui les loue pas très cher (HLM = habitation à loyer modéré).

Ils sont loués en priorité à des familles qui ont des difficultés financières.

Les Français qui habitent là sont majoritairement d'origine étrangère (du Maghreb ou d'Afrique noire pour la plupart) ce qui pose le problème de l'exclusion, de l'isolement et participe à la discrimination raciale.

On trouve aussi des voyous dans ces banlieues. Bien heureusement, ils sont largement minoritaires, mais ils donnent une mauvaise image à l'ensemble des habitants qui aimeraient vivre tranquillement et honnêtement. C'est dans la région parisienne qu'on constate le plus de délinquance, mais elle existe aussi dans les grandes villes de province et même dans les zones rurales (campagnes). Toutefois, il faut distinguer la « petite délinquance » (écrire des tags sur les murs, petits vols, bagarres…) avec la grande délinquance (commerce de la drogue, vol avec armes…).

Le commerce de la drogue constitue l'une des principales activités des délinquants.

Malgré les efforts de la police et de la justice, la délinquance a du mal à diminuer.

C'est l'affaire de tous les Français, quelles que soient leurs origines.

Les banlieues difficiles ou sensibles existent dans la plupart des autres pays.

Des efforts sont faits par les municipalités et les nations. La prévention (bonne éducation, loisirs, travail…) et la répression (punitions, prison…) sont les deux pistes pour améliorer la situation.

C'est un problème à résoudre avec l'aide de chacun et toutes les bonnes idées sont les bienvenues…

• ***origine maghrébine*** (page 42)

Les Français d'origine maghrébine représentent environ 10 % de la population en France. Leur concentration dans les quartiers difficiles est très importante, ce qui n'aide pas à leur intégration.

Ils sont originaires en grande majorité des anciennes colonies françaises comme l'Algérie, la Tunisie, le Maroc…

La plupart d'entre eux ont la nationalité française depuis longtemps et parfois depuis deux générations (père et grand-père de nationalité française).

• ***ONU*** = organisation des nations unies (page 42)

L'ONU a été fondée le 28 octobre 1945, soit juste après la seconde guerre mondiale, à l'initiative de 51 pays dont la France.

Il y a aujourd'hui 193 pays membres de l'ONU.

Le rôle de l'ONU est de préserver la paix dans le monde, entretenir l'amitié entre les peuples et lutter contre la pauvreté.

Les décisions sont prises par le vote de tous les pays représentés mais cinq pays ont le droit de véto. Le véto permet de s'opposer à une décision qui pourtant avait reçu la majorité des votants.

Ces cinq pays privilégiés sont : la France, les États-Unis, la Russie, la Grande-Bretagne et la Chine.

La France a utilisé 18 fois ce droit. La Russie l'a le plus utilisé : 124 fois et la Chine le moins : 8 fois.

Le secrétaire général est élu pour 5 ans. C'est, depuis 2007, Ban Ki-Moon.

Un casque bleu avec des enfants haïtiens après un tremblement de terre en mars 2010.

Lettre 8 à François Hollande

• *crise économique* (page 47)

On parle de crise économique lorsque la richesse d'un pays ralentit, ou pire, recule. En 2008, il y a eu une crise économique qui a touché plusieurs régions du monde et dont les conséquences sont encore visibles en 2012. Avec cette crise, les banques ont perdu beaucoup d'argent, le chômage a augmenté, les salaires ont baissé… Les gens sont mécontents et ont parfois beaucoup de mal à subvenir à leurs propres besoins et à ceux de leurs familles.

• *l'Europe (dans la crise)* (page 47)

L'Union européenne compte 27 membres en 2012. Mais tous les pays n'ont pas le même niveau de développement et certains sont donc plus gravement touchés par la crise que d'autres. C'est pourquoi tous les pays de l'Europe s'entraident pour sortir ensemble de la crise.

• *la journée de l'Europe* (page 47)

Le 9 mai, tous les pays membres de l'Union européenne rendent hommage à la déclaration de Robert Schuman, homme politique français qui a activement participé à la création de l'Union européenne. Le 9 mai 1950, sa déclaration a marqué le début de l'aventure européenne. Ce fut un évènement très important, car il permit à des pays ennemis pendant la deuxième guerre mondiale (la France et l'Allemagne) de faire la paix et de construire un avenir commun. La journée de l'Europe est célébrée partout en Europe avec des concerts, des défilés, des ateliers de découvertes…

• ***quinquennat*** (page 48)

Avant l'an 2000, le président était élu pour sept ans. Mais après avoir demandé l'avis des Français, le président alors en exercice, Jacques Chirac, a réduit le mandat présidentiel à cinq ans. On appelle quinquennat ces cinq années durant lesquelles un président exerce sa fonction. François Hollande est le troisième président élu pour un quinquennat, après Jacques Chirac et Nicolas Sarkozy.

Les 27 pays membres de l'Europe

Page 5 ➥ *Portrait officiel de Charles de Gaulle, président de la République française (1958-1969)*
© La Documentation française. Photo Jean-Marie Marcel

Page 19 ➥ *Portrait officiel de Georges Pompidou, président de la République française (1969-1974)*
© La Documentation française. Photo François Pagès / Paris-Match

Page 23 ➥ *Portrait officiel de Valéry Giscard d'Estaing, président de la République française (1974-1981)*
© La Documentation française. Photo Jacques-Henri Lartigue

Page 27 ➥ *Portrait officiel de François Mitterrand, président de la République française (1981-1995)*
© La Documentation française. Photo Gisèle Freund

Page 33 ➥ *Portrait officiel de Jacques Chirac, président de la République française (1995-2007)*
© La Documentation française. Photo Bettina Rheims

Page 39 ➥ *Portrait officiel de Nicolas Sarkozy, président de la République française (2007)*
© La Documentation française. Photo Philippe Warrin

Page 45 ➥ *Portrait officiel de François Hollande, président de la République française (2012)*
© DILA-La Documentation française. Photo Raymond Depardon

Page 52 ➥ *© Nicolas Vigier*

Page 58 ➥ *© Jack ma*

Page 62 ➥ *© Joost J. Bakker*

Pages 64, 69 et 71 ➥ *Domaine public*

Cet ouvrage est conforme à la nouvelle orthographe.

ISSN : 2119–4203
ISBN : 978–2–7581–1499–4

Société d'Édition et de Diffusion pour la Recherche et l'Action Pédagogique.
9 rue des Frères-Boudé • BP 10665 • 31106 Toulouse Cedex 1
www.sedrap.fr

Loi n° 49-956 du 16 juillet 1949 sur les publications destinées à la jeunesse.
Dépôt légal : 3e trimestre 2012
réf : HTLPRO
Achevé d'imprimer en Espagne par Graficas Lizarra: Août 2012